Aan Beirtí - voor alles wat je doet ~ A.H.

Voor Sam, Beth, Ari en Tali x ~ T.W.

Oorspronkelijke titel: I Love You to the Moon and Back All Year Long

Oorspronkelijk uitgegeven in Groot-Brittannië in 2023 door Little Tiger,
een imprint van Little Tiger Press Limited
1 Coda Studios, 189 Munster Road, Londen SW6 6AW
Tekst door Amelia Hepworth

Nederlandstalige uitgave:

Energieweg 3, 3542 DZ Utrecht
Vertaling: Ellen Hosmar/Vitataal
Redactie en productie: Vitataal, Feerwerd
Opmaak omslag en binnenwerk: Fenatic, Termunterzijl

ISBN 978 90 483 2257 2
Batch code LTP/2800/6031/1024

Gedrukt in China

Voor meer informatie: www.veltman-uitgevers.nl

Ik hou van jou tot de maan en terug

AMELIA HEPWORTH
TIM WARNES

Veltman Uitgevers

Ik hou van je als de zon opkomt
en de sneeuw smelt op de bomen.

Ik hou van je als de
lentebloemen weer
tevoorschijn komen.

Ik hou van je als je mijn hand vastpakt –
zo warm en zacht en klein.

En als we schuilen voor de regen -
zolang we maar samen zijn.

Ik hou van je als we tikkertje spelen
met de andere dieren.

En als we samen zwemmen
tussen de vissen in heldere rivieren.

En aan het einde van de zomer,
als de dagen korter duren,
ben ik dankbaar voor de herfst
met zijn kleurige bladeren
en nieuwe avonturen.

Ik hou van onze
vriendjes en familie,
die maken me altijd blij.

Maar ik hou
het meest van jou -
de liefste dat ben jij.

Jij maakt mijn leven mooier,
wanneer je naar me lacht,

als een lichte sneeuwvlok
in de donkere nacht.

En als de vollemaan
achter een wolk verdwijnt,

ben ik dankbaar voor je liefde,
die het hele jaar door schijnt.